LETTRE

DE

JACQUES LEROND,

PETIT ÉLECTEUR,

AUX

ÉLECTEURS DE 1830,

Petits et Grands.

> On parle toujours assez bien,
> quand on se fait comprendre.

A PARIS,

CHEZ LES MARCHANDS DE NOUVEAUTÉS.

1830.

LETTRE

DE

JACQUES LEROND,

Petit Electeur,

AUX

ÉLECTEURS DE 1830,

PETITS ET GRANDS.

On parle toujours assez bien,
quand on se fait comprendre.

Viv'Dieu ! mes amis et confrères en élection, il paraît que l'ministère ne craint pas nos peines et qu'les Chambres ne sont pas d'longue durée par le temps qui court ! M'est avis, si j'sais mon barème, que n'v'là pas encore trois ans d'passés d'puis l'jour ousque d'tous les coins et r'coins du département monsieur l'préfet nous fit v'nir par les g'lées blanch's et les mauvais ch'mins pour nommer des députés, ceux-là même que l'seigneur de Polignac vient d'casser comm' s'ils eussent été d'sa fabrique, ou p'têt' ben plutôt parc' qu'ils n'en étaient pas. C'jour-là, si j'ai mémoire, il n'y avait aussi qu'trois ans à peine qu'nous avions été réunis pour une semblable cérémonie. Tant y a qu'on dirait qu'c'est un parti pris, et qu'tous les trois ans ça doit être de l'ouvrage à r'faire. J'n'y trouve pas à r'dire. Seulement m'est avis que c'n'était pas trop la peine d'faire une déchirure à la Charte, qu'en avait déjà ben assez, pour rendre *septuagénaire* (1) une Chambre qu'on voulait tuer tous les trois ans. Mais c'n'est pas d'ça qu'il s'agit entre nous. Expliquer toutes les contradictions des choses d'ici-bas, n'serait pas mince besogne, et c'n'est pas pour vous parler d'ça qu'moi, chétif, j'ai pris la plume en main.

Si bien donc que la chambre d'mil huit cent vingt-sept n'est plus de c'monde et qu'c'est dommage, car ç'nétait pas une antichambre ! Dieu veuille avoir son âme et la nôtre aussi ! on n'a pas toujours ici-bas s'lon ses œuvres. J'en sais plus d'un qu'l'église a mis en paradis et qui n'le méritaient pas comme elle, à beau-coup près. Mais, après tout, elle a vécu. C'est d'en faire une autre, et surtout d'la faire bonne qu'il s'agit aujourd'hui.

A mon sens, la défunte n'était pas déjà si ch'tive ; mais, des ministres, voyez-vous ! c'nest pas du monde comme nous autres. Habitué qu'c'est à boire du meilleur, c'est délicat, ça a l'goût fin. Bonne

---

(1) C'est sans doute *septennale* que Jacques Lerond a voulu dire.

pour les gens comme nous , et justement p'têt' parc'
que nous la trouvions bonne , pour eux ell' ne pouvait
l'être. Ils l'ont tuée pour avoir mieux. Leur volonté
soit faite , et aussi celle du bon Dieu ! Tâchons, mes
amis, d'leur en r'faire une meilleure, si c'est possible !

Pour c'la, direz-vous, qu'faut-il que nous fassions?
D'vons-nous nommer ceux qu'nous prêchent les ministres? Mes amis, Dieu vous en garde, et d'la peste
aussi ! Nous offrir des candidats et croire qu'nous irons
les choisir, c'était bon autrefois ! Apprentis électeurs,
ignorant c'que c'était que l'gouvernement représen-
tatif et n'connaissant d'la Charte que l'nom , aucuns
des nôtres pouvaient donner dans l'piége et s'laisser
enjôler. Mais aujourd'hui, bernicle ! c'est un peu trop
tard. On nous y a pris assez d'fois pour qu'nous n'voulions plus qu'on nous y r'prenne. Maint'nant c'est
assez qu'un candidat soit l'protégé du ministère pour
que, fût-il pris dans nos rangs, nous n'voulions pas
nous y fier. A force de s'entendre piper, les oiseaux
s'*fûtent*, et, loin d'aller aux gluaux, suivent l'exemple
du chien d'Jean d'Nivelle, lequel, en animal pru-
dent , même quand un ministre l'app'lait , f'sait
l'contraire de v'nir.

Quand l'pél'rin d'la chanson dit qu'son r'frein est
confiance, si c'est confiance en la loi qu'il veut dire ,
j'suis d'son avis et j'aime son r'frein. Confiance en la
loi, pél'rin, c'est bel et bon ; en autre chose, avec ta
permission, c'est niaiserie par le temps qui court, et
en politique surtout. J'aime mieux l'rat d'la fable qui

disait qu'la méfiance était mèr' de la sûreté. C'était un' bonne tête que c'rat-là, et j'parie qu'si jamais il est électeur, il s'gard'ra ben d'prendre ses députés parmi les chats.

Nous aussi, mes amis, faut être défians. D'ailleurs le r'présentatif n'est fondé que sur la défiance. Or, nous n'saurions faillir, prenant pour guide le principe qui fait la base du gouvernement que la Charte nous a donné.

Car, j'vous l'demande un peu, mes amis, pourquoi des Chambres, pourquoi des députés, des électeurs, des élections? Dans quel but, s'il vous plaît, la Charte a-t-elle créé tout cet attirail? sinon par défiance du pouvoir et pour l'empêcher d'dev'nir oppressif. En c'la l'père de la Charte a suivi l'exemple des rouliers qui, quand ils descendent une montagne, ont l'soin d'enrayer leurs roues, d'peur d'êt' entraînés par le penchant. L'chemin du pouvoir est glissant en diable, et si l'char ministériel n'était pas enrayé solidement, la pente l'aurait bientôt entraîné vers l'ancien régime.

Or, l'ancien régime, vous n'êtes pas là sans savoir c'qu'c'était, mes amis. Aucuns l'appellent encore le bon temps. Mais ceux-là sont nobles ou prêtres, ou n'savent ce qu'ils disent. Car, pour d'autres que pour eux, c'bon temps-là n'valait pas grand chose, assurément.

La nation alors n'était pas ce qu'vous la voyez aujourd'hui. Il n'y avait pas d'nation, ou plutôt la nation c'étaient les grands et les prêtres, tous gens qui, n'produisant rien, mangeaient beaucoup, n'cultivant pas, avaient toutes les terres, et n'supportant aucune des charges, en étaient une continuelle pour les p'tites gens qu'ils app'laient tiers-état. Pour ceux-ci, travaillant comme des nègres, ils avaient à peine de quoi vivre. Le fruit de leurs sueurs s'en allait en dîmes de toutes façons et couleurs, grosses et menues, charnales ou vertes. La taille, la capitation, la gabelle absorbaient l'reste. Puis v'naient les r'cruteurs et la corvée par-dessus l'marché ; puis les vexations de toute espèce ; puis les procès d'vant des juges aux gages des seigneurs. V'là c'que c'était que c'bon temps si r'gretté. Un jour la gent corvéable s'avisa d'penser qu'il y en avait assez qu'elle endurait tant d'maux, et, secouant ses chaînes, vint demander sa place au soleil et sa part de la liberté. C'qui s'en suivit, vous l'savez, et les malheurs affreux occasionés, et par le mépris imprudent de réclamations légitimes et par l'enivrement d'un peuple poussant la liberté jusqu'à la licence, précisément parce qu'il avait été trop long-temps et trop fortement opprimé.

Après trente ans de troubles et d'embrouillaminis de toutes les couleurs, Louis XVIII est rentré en France son papier Charte à la main. Par lui tout a été mis à sa vraie place. Les droits d'la royauté, ceux du peuple ont été sagement déterminés, et cette Charte si sage n'est, comme j'vous l'disais, fondée qu' sur une défiance continuelle du pouvoir.

Louis XVIII savait, et roi lui-même pouvait en juger mieux qu'un autre, que l'pouvoir tend toujours et naturellement à s'rendre absolu; qu'un roi quelque bon qu'il soit, quelque généreuses que soient ses intentions, peut être entraîné malgré lui et sans l'savoir dans des fautes et des erreurs; que la vérité est rarement habitante des cours; qu'un roi, n'pouvant tout faire par lui-même, est forcé d'avoir des ministres, et qu'ceux-ci peuvent devenir les oppresseurs du peuple, ou même les siens, c'qui s'est vu plus d'une fois.

Dès lors il a voulu donner au peuple un moyen d'intervenir dans les affaires de l'état, et à lui un moyen de connaître sans trouble et sans s'cousse les vœux et les besoins d'la nation, que tant d'gens vivant autour des rois ont si grand intérêt et si grand soin d'leur cacher.

Il a r'connu aussi cette vérité que l'peuple, fournissant seul par son travail aux dépenses de l'état, c'était à lui d'surveiller l'emploi des finances et d'empêcher qu'on n'jettât son argent par les fenêtres.

De-là l'établissement de la chambre des députés chargée de voter les dépenses et de vérifier les comptes des ministres.

Si les ministres étaient des anges, ou même s'ils étaient des Sully, on pourrait se confier à eux et r'mettre l'examen de leurs comptes aux gens qu'ils indiqu'raient, si toutefois ils en indiquaient, c'qui n'est pas très-sûr; car des Sully, n'ayant rien à r'douter de l'inspection de leurs registres, et n'craignant jamais d'être trouvés en défaut, s'battraient l'œil d'être obligés d'compter avec celui-ci plutôt qu'avec celui-là, et laisseraient aller les choses comme elles doivent aller. Mais des Sully c'n'est pas très-commun à présent. D'puis la restauration nous avons eu bien des ministres; si vous en savez un qui soit un Sully, ah ! montrez-le moi, je vous prie, et le mariez bien vîte, s'il est célibataire, pour que l'espèce ne s'en perde pas.

En attendant, n'serait-ce pas folie à nous, j'vous l'demande, que d'nommer, pour vérifier les comptes des ministres, des gens qui, présentés par eux, pourraient s'entendre avec eux, et moyennant un p'tit r'venant bon (ça c'est vu queuqu'fois) leur livrer not'bourse aussi et plus généreus'ment qu's'il s'agissait d'la leur.

Quand vous avez une expertise à faire faire , à qui vous en rapportez-vous du choix des experts? à vot' partie adverse ? pas si bêtes ! Quand vous avez un procès avec vot'voisin, l'allez-vous faire juger par des arbitres choisis par lui seul? Vous n'avez garde! Qu'un fermier vous doive un compte, lui dites-vous de l'rendre à qui il voudra? Non, vous le r'cevez vous-mêmes ou , si n'avez l'loisir , l'adressez à quelqu'un dont vous êtes sûrs. Eh bien ! si dans toutes ces circons-tances vous êtes comme le rat d'la fable, si vous vous défiez, pourquoi, dans un cas semblable et beaucoup plus important , négligeriez-vous d'écouter la voix de la prudence ?

Nommer les candidats du ministère ! autant ne vaudrait-il pas dire aux ministres : « t'nez, messieurs, v'là not' bourse ; puisez sans compter ; tout ce qu'il y a d'dans est à votre service. Usez-en comme de l'eau chez un restaurateur , à discrétion. » Encore en agissant ainsi f'rait-on plus sag'ment et plus économiqu'ment d'beaucoup , car , dans ce cas , les ministres seuls dans notre bourse puiseraient à loisir ; dans l'autre, au contraire , non seulement y puiseraient les ministres , mais encore ceux qu'nous aurions envoyés pour en t'nir les cordons.

J'vous entends chaqu'jour vous plaindre des impôts énormes qui nous accablent très-directement , bien qu'quelques-uns soient app'lés *indirects*. A vous entendre c'est une pitié qu'la manière dont nos finances sont administrées. C'est un scandale que cette foule de sinécuristes à gros appointemens , d'autant plus rétribués qu'ils sont plus inutiles et qu'ils ont moins d'besogne. C'est une désolation qu'la légèreté avec laquelle nos millions sont prodigués dans des guerres dont nous n'avions que faire, tandis qu'ils seraient si bien et à propos employés, un'partie, à réparer nos routes et finir nos canaux, dont nous avons si grand besoin , et l'reste à diminuer l'poids d'l'impôt des droits - réunis, c'qui f'rait qu'les malheureux l's'raient un peu moins et qu's'ils ne mettaient encore la poule au pot , au moins pourraient-ils de temps en temps boire un verre de vin à la santé du roi, qui n's'en port'rait pas plus mal.

Comm'moi, vous voyez tout ça, et vous en plai-gnez, mais suffit-t-il de voir et d' soupirer chaqu'fois que l'percepteur ou les commis d'mandent à être payés. L'économie dans les finances, leur bon em-ploi, et par suite la diminution des impôts, n'peu-vent venir que d'hommes ferm's et indépendans, bien résolus à empêcher l'mal au lieu d'en partager les profits. Que l'ministère vous r'commande un jour de pareils hommes, ça viendra pt'êt', quoique j'en doute un peu, j'vous l'avoue. Toutefois, comptez là-d'ssus si vous voulez; mais en attendant n'faites pas la gageure anglaise de boire un verre d'eau d' quart d'heure en quart d'heure jusques-là.

La France, voyez-vous, mes amis, et la compa-raison s'ra d'saison ou jamais, la France est comme un'brebis bien grosse et bien grasse, dont la toison bien fournie, aussi blanche que fine fait plaisir à voir. Les ministres sont là, munis de grands ciseaux et s'disposant à tondre la brebis. Les députés sont des bergers envoyés pour veiller à c'que la brebis n'soit pas tondue d'trop près; d'où la conséquence que les bergers n'doivent pas être choisis par les tondeurs, autrement la brebis n's'ra pas seulement tondue, mais écorchée et vous n'en aurez pas même les *bourgeons*.

Nous n'nomm'rons donc pas des candidats ministé-riels. Mais qui nommerons-nous ? Dites-moi, mes amis, vous avez vu quelquefois sans doute un archi-

tecte construire une maison à la place d'une autre. Eh
bien ! commence-t-il par courir çà et là chercher au
loin et à grands frais des matériaux nouveaux ? il n'a
garde ; mais d'abord , en homme bien avisé , emploie
ceux qui, dans la maison abattue , se trouvent valoir
quelque chose , les estimant même d'autant meilleurs
qu'ils ont porté la charge et sont plus éprouvés. Sui-
vons l'exemple de c't'architecte économe , et prenons
dans l'ancienne chambre ce qu'elle nous offre de bon
pour notre construction nouvelle. Les deux cent vingt
un , par exemple , qui ont voté l'adresse , sont à l'é-
preuve , et ayant déjà supporté la charge d'l'éloquence
Polignac , n'courrent pas risque d'plier sous l'poids
d'cell'de monsieur d'Peyronnet. Nommons-les donc
d'abord , et leur adjoignons ensuite des hommes d'une
trempe à voter l'adresse ce soir même , si elle était
encore à voter.

A propos d'ça , certaines gens vous ont déjà dit, j'en
suis sûr, que l'roi n'voulait pas entendre parler d'eux ,
vu qu'ils lui avaient fait des traits. Pour c'qu'est d'ça,
mes amis, j'suis ben sûr du contraire. Des traits ! ah
ben oui ! ils sont trop bien élevés pour en faire à personne et au Roi moins encore qu'à tout autre , étant
presque tous d'anciens amis et défenseurs des Bour-
bons , au service desquels ils ont usé leur jeunesse et
leurs biens. (1) Tout c'qu'il y a, c'est qu'ils n'ont pas
voulu servir de compères aux escamoteurs de nos droits,

____

(1) MM. Hyde de Neuville , Royer-Collard , Bertin de Vaux, etc.

c'qu'a mis monsieur d'Polignac de mauvaise humeur, et fait qu'il en dit pis qu'pendre, pareil à c'tindividu qui ayant jeté son chien dans la rivière, d'peur qu'on n'le r'pêchât s'en allait criant qu'il était enragé.

L'roi leur en vouloir ! N'croyez pas ça ; c'est des mentes ! Sa Majesté n'est pas v'nue vous dire qu'elle en fût mécontente ? n'étant allés le lui d'mander ni ni vous ni moi, nous n'en savons rien. On m'a bien conté que l'commissaire de police et son écharpe bleue avaient publié dans les rues une *exclamation* (1) à ce sujet, comme si les électeurs étaient gens à courir avec les *gamains* après deux mauvais tambours et un commissaire de police. Elle m'a même, et à vous sans doute pareillement, été envoyée par M. l'préfet d'la part du roi, soi-disant. Mais vous l'savez comme moi, mes amis, l'papier n'est pas méchant, et s'laisse ben écrire. Si c't'*exclamation* exprimait l'opinion royale du roi en personne, croyez-vous qu'il ne l'aurait pas signée tout seul et en son particulier. Allez, allez, rien que l'nom qu'est après sa signature doit suffire pour vous faire voir qu'il y a queuqu'mic-mac la-d'sous.

Croyez-moi, mes amis, l'roi n'se mêle pas des élections. S'il s'en mêlait, ce s'rait pour nous dire, à la différence de certains présidens: «J'entends, messieurs, qu'chacun fasse comme il l'entendra. » Car à qui fera-t-on croire qu'un roi d'l'âge et d'la sagesse du nôtre,

---

(1) Jacques Lerond a voulu dire une *proclamation*.

prenne plaisir à faire déranger d'leurs affaires quatre-vingt-dix mille honnêtes gens, au plus fort des ouvrages, et quand ils font l'plus faute chez eux, pour leur faire nommer, en manièr' de machines, des députés qu'il leur désignera, et qu' cett' cérémonie il l'appelle des élections ! Belles élections vraiment qu' des élections où les choix n'seraient pas libres ! vraie piperie, bonne tout au plus pour amuser des enfans un jour de mardi gras ou d'premier d'avril ! Quand l'roi nous rassemble et nous interroge, que pensez-vous qu'il veuille savoir, de notre opinion, d'la sienne, ou d'cell' de ses ministres? La sienne? non sans doute, car il doit la connaître ; celle de ses ministres? non plus ; car qu'aurait-il besoin d'nos bouches pour la lui dire. Quoiqu' peu forts sur l'éloquence, nos ministres ne sont pas muets, et l'roi, leur accordant, comme il fait, l'honneur de travailler avec lui, ils ne sont pas si grands seigneurs qu'il ne puisse se permettre de leur en toucher un mot.

Mais d'ailleurs j'vous l'ai dit et vous l'répète, l'roi ne s'mêle pas d'élections, et s'il savait qu'on dit qu'il s'en mêle, il n's'rait pas du tout satisfait. Car personne de vous ne met en doute que Sa Majesté n'soit propriétaire ou usufruitière d'immeubles payant au moins trois cents francs de contributions directes, et n'puisse en conséquence êtr' au moins p'tit électeur à cent écus, comme vot' serviteur. Eh ben ! l'roi veut si peu s'mêler d'tout ça, qu'aucun préfet ne l'ayant encore inscrit d'office sur les listes électorales, vous n'avez pas entendu dire qu'il ait jamais réclamé son inscription, c'qui prouve assez, j'espère, qu'il n'a pas envie, comme on voudrait vous l'faire croire, d'exercer d'l'influence sur les élections.

J'sais qu'on vous parlera de c'qu'ils appellent la prérogative royale ; qu'on vous dira que d'nommer des gens qui n's'accordent pas avec les ministres, c'est mettre la royauté dans la nécessité d'renvoyer ceux-ci et qu'par conséquent, c'est empêcher l'roi d'avoir des ministres s'lon son cœur et suivant son goût. Encore des contes qu'on vous f'ra là. L'roi choisit ses ministres comme il lui plaît, c'est sa prérogative, et personne, que j'sache, n'a droit d'la lui contester. Mais la Charte a créé une prérogative aussi pour les députés, prérogative à laquelle on n'songe pas assez, et d'laquelle m'est avis, que les *prérogativistes* n's'inquiètent pas beaucoup. Cette prérogative, c'est d'veiller sur l'emploi d'not' monnaie blanche. Vous conç'vez qu' dès-lors ils n'en veuillent disposer qu'en mains sûres, et qu'si l'ministère n'leur inspire pas assez d'confiance, ils ont raison d'lui faire sa ration p'tite, ou même au besoin, d'la lui rogner tout-à-fait ; c'est leur droit ; c'est la prérogative qu'leur a faite Louis XVIII lui-même, et mieux encore, c'est leur devoir. Or l'accomplissement de c'devoir, l'exercice de cette prérogative de la chambre, entame-t-il celle du roi ? en aucune façon. Seulement il est contraire à une autre prérogative qui n'est pas dans la Charte, et que veut s'arroger le ministère, de s'moquer de nous en mangeant notre argent. Quant à celle-ci, qu'elle soit ben respectable; m'est avis, qu'la question est au moins douteuse ; et quand on n'veut pas d'cette prérogative bâtarde, je n'vois pas que l'roi soit forcé pour ça d'renvoyer son ministère, seulement c'ministère, s'il veut avoir notre argent, est forcé d'nous faire un peu bonne mine et d'nous dire merci , c'qu'est ben l'moins, n'étant pas naturel qu'nous donnions not'monnaie pour des grimaces.

Qu'ont donc fait les deux cent vingt-un à qui monsieur d'Polignac en veut si fort ? Lui ont-ils refusé l'budget ? Pas du tout, seul'ment pour ne l'pas prendre en traîtres, et lui donner l'temps d's'amender, ils l'ont averti qu'il n'avait pas la confiance du peuple, et qu's'il continuait, ils s'raient forcés d'en v'nir là. La-d'ssus qu'aurait fait un ministre moins ami d'ses prérogatives personnelles que d'celles de la couronne et d'la chambre, au lieu d'prendre la mouche et s'emporter comme une soupe au lait, il eût d'suite prouvé , en présentant d'bonnes lois, qu'il valait mieux qu'sa réputation. Un code communal et départemental, par exemple, et surtout une bonne loi sur la responsabilité ministérielle, croyez-vous qu'la Chambre les eût refusés par cela seul qu'elles s'raient v'nues d'lui. Ah qu'non ! elle n'eut pas fait cette sottise ! tant d'amoureux d'la Charte l'ont oubliée en entrant au ministère, qu'la chambre eût trouvé drôle d'voir des ministres, qui d'abord ne l'aimaient guères, s'prendre tout-à-coup d'un'belle passion pour elle. Notre prérogative à nous autres électeurs, c'est

d'nommer librement nos députés. En renvoyant à
M. d'Polignac les deux cent vingt-un, nous lui ren-
drons service, lui donnant par là occasion d'nous
montrer qu'il n'est pas si diable qu'il est noir. Quant
à vouloir son changement, par ma fine ! j'n'y pense
guères, et personne de vous plus que moi, je l'parie.
Qu'un ministre marche bien, nous n'nous inform'-
rons ni d'sa personne ni d'son nom. Changer l'ministère pour l'plaisir de l'changer, ah bien oui ! c'est
ben la peine ! pour augmenter l'nombre des ministres d'état à douze ou vingt mille francs d'rente par
tête ! M'est avis qu'j'en avons assez pour c'que ça sert !

D'ailleurs si l'ministère n'veut pas qu'on lui dise son
fait il n'a qu'à n'nous rien d'mander. A sa place moi j'tâ-
cherais d'trouver la pierre philosophale, pour n'avoir
rien à démêler avec une nation qui n'sait pas appré-
cier l'honneur qu'on lui fait d'vouloir ben prendre
son argent. Qu'en dites-vous, mes amis ; s'il l'avait
trouvée, ou si l'comité-directeur, qu'en a tant, voulait
lui fournir des espèces, n'seriez-vous pas ben attrap-
pés avec vot' prérogative d'choisir des députés dont la
prérogative est d'faire vos conditions ? Quant à moi,
j'vous l'dis franchement, qu'on n'me d'mande rien
et j'fais volontiers l'sacrifice de ma part de prérogative ; mais si j'donne, j'veux qu'on ait des procédés.

Après ça, tous ces chevaliers d'la prérogativ'royale,
c'est bel et bon ; mais est-ce que vous leur faites
l'amitié d'croire qu'c'est vraiment là c'qui les fait
tant crier. La prérogative royale, c'est un mot d'ral-

liement, c'est un honnête prétexte, mais au fond
l'objet d'leur sollicitude, qu'est-ce que c'est? c'est un
ministère sorti d'leurs rangs, un ministère qu'ils re-
gardent comme leur messie politique et dont ils attendent l'accomplissement du grand œuvre, c'est-à-
dire, l'arrangement, ou plutôt l'dérangement d'la
Charte à leur usage particulier. S'ils tenaient tant au
ministère Polignac par cela seul que c'est l'roi qui
l'a nommé, faut conv'nir que leur dévotion au choix
royal leur s'rait v'nue un peu tard. Car monsieur
d'Caze dans l'temps, et depuis, monsieur d'Mar-
tignac, avaient ben été nommés par le roi aussi, et
c'pendant dieu sait à quelle sauce ils les arrangeaient
et s'ils ont eu cesse qu'ils ne les aient vus congédiés.

Si c'pendant je m'trompais, s'ils aimaient monsieur d'Polignac et sa suite, non pour ce qu'ils en
attendent, mais seulement parce qu'ils ont été nommés par le roi, n'ont-ils pas l'moyen d'les maintenir
malgré la chambre et malgré la nation, sans être
obligés d'en v'nir aux coups d'état, extrémité fâ-
cheuse et qui pourrait ben n'être pas tout profit.
L'ministère n'a besoin des députés que parce qu'il a
besoin d'argent et qu'les députés seuls peuvent lui
ouvrir not'bourse. Pour des lois, il en a été assez fait
chez nous d'puis trente ans, d'toutes les façons et
d'toutes les couleurs, et l'bulletin peut lui en fournir
pour tous ses besoins. Si donc il avait d'l'argent, l'ministère pourrait s'moquer tout à son aise des élections et des électeurs, et s'pass'rait fort ben d'cham-

bre sans qu'pour ça il fût obligé d'coucher dehors.
Eh ben ! messieurs les *prérogativistes*, vous êtes main-
t'nant tous riches, grâce à l'indemnité. D'un aut'
côté vous avez presque toutes les places importantes.
Avec ça, si vous n'sauvez monsieur d'Polignac, c'est
mauvaise volonté d'vot' part, j'suis fâché d'vous
l'dire, car rien n'vous s'rait plus facile. Vous n'avez
qu'à vend' vos biens et verser vos écus dans la caisse
de son excellence, et en même temps faire toutes vos
places gratis, c'qui n'vous cout'ra pas beaucoup d'peine,
car les mieux payées, vous les avez, et celles-là, Dieu
merci, se sont pas toujours les plus pénib's à faire.
Par ce moyen, plus d'nécessité d'avoir des Chambres,
plus d'députés, plus d'élections, plus d'électeurs.
Mais M. d'Polignac aujourd'hui, M. d'Polignac
demain, M. d'Polignac toujours ; plus d'budget,
mais la prérogative dans tout son lustre et dans tout
son éclat, c'qui vaudrait mieux qu'tous les budgets
du monde n'était l'ventre que vous avez.

Croyez-moi, mes amis, laissons-les crier tant qu'ils
voudront, l'roi veu' ci, l'roi veut ça ; c'n'est pas
vrai ! l'roi n'veut qu'deux choses, la justice et la
Charte.

Ah vraiment ! s'ils sont toujours après lui comme
ils sont après nous, je n'sais pas comment il peut
y t'nir ; pour moi si j'étais qu'lui, j'les aurais bentôt
chassé d'ma présence.

Pourtant je l'conçois, c'n'est pas si aisé à faire

qu'à dire, si nous étions à sa place, nous serions p'têt' plus embarrassés qu'nous n'croyons. Entouré comme il est d'un tas d'vieux incorrigibles qui n'ont rien appris ni rien oublié; dont une grande partie l'a suivi dans l'exil, et pour qui, faut êt' de bon compte, il doit nécessairement avoir quelques ménagemens à garder; tourmenté par eux, obsédé d'puis l'matin jusqu'au soir, étourdi de leurs criailleries perpétuelles, r'tenu d'un autre côté par son amour pour la Charte et par l'désir sincère qu'il a de nous rendre tous heureux sa position n'doit pas être amusante.

Aussi voyez combien d'fois la faction a fait passer la Manche à messire de Polignac avant qu'elle ait pu lui faire endosser l'habit ministériel. Combien d'fois c't'honnête personnage n'a-t-il pas fait l'voyage de Douvres à Calais, et d'Calais à Douvres, offrant l'image de c'liége emplumé, qu' deux joueurs habiles vont s' renvoyant d' l'un à l'autre.

Plus tard le roi a pensé qu' les électeurs connaissaient assez leurs droits pour que monsieur d'Polignac fut sans danger pour la France. Il l'a donc nommé, sachant bien c'qui arriverait, c'est-à-dire que la Chambre voudrait et avec raison mettre, son excellence au pas. Sans doute qu'après la première entrevue il aura pensé que les courtisans s'content'raient de c'tt' épreuve pour être convaincus qu'leurs projets n'sont plus d' saison; mais ceux-ci auront tant crié, tant insisté, tant dit qu'la chambre n'avait pas exprimé l'opinion d'la majorité d'la nation et que cette majorité était pour eux, que l'roi aura consenti à leur laisser tenter la grande épreuve des élections, ignorant toutefois qu'ils s'y prendraient comme ils s'y prennent et comptant bien sur notre fermeté pour lui donner l'moyen d'pouvoir dire aux gens qui l'tourmentent sans cesse; « vous voyez ben qu'la nation n'veut pas. »

En cela m'est avis qu'il a fait sag'ment. N'y a qu'un moyen, d'convaincre les enfans et les ultra. Les raisonnemens les plus beaux n'y font rien, ça n'entend pas raison. Ça croit possible tout c'que ça veut. D'mandez plutôt à not'femme c'qu'est arrivé chez nous, la s'maine passée au sujet de not'plus jeune qu'est un p'tit démon quoiqu'il n'soit pas plus haut qu'm'a botte. Not'servante était allée au puits et l'p'tit mioche l'avait suivie. C'était l'soir et par un clair de lune superbe. Or v'là-t-il pas qu'quand l'sciau fut tiré du puits, mon *gamain* aperçut d'dans la portraiture de la lune, et qu'il s'mit à crier qu'il l'a voulait pour son amusette. A ses cris la mère, qu'en raffolle, d'courir ben vîte à lui et craignant qu'il s'enrhumât s'il plongeait l'bras dans l'eau pour prendre la lune, d'len r'tirer à distance, entreprenant d'luifaire entendre que c'qu' il voyait dans not'sciau n'était pas la lune et qu'on n'pouvait lui donner c'qu'il voyait. Peine perdue; l'enfant n'voulait pas croire la mère, lui rp'rochait même de n'pas l'aimer, parce qu'elle ne lui donnait pas c'qu'était au fond du sciau; et d'crier, d'crier comme de plus belle. Alors moi, l'pa-

pa, j'crus qu'il était d'ma compétence d'faire finir tout c'tintamarre. j'arrivai, et ayant appris l'sujet des cris et des pleurs du p'tit bonhomme, j'dis à la mère de l'lacher, et à lui d'pêcher dans le sciau tout c'qu'il voudrait. Alors mon p'tit drôle s'approcha tout triomphant, voulut prendre et n'prit rien, mais n'cria plus et alla s'cacher dans un coin, tout honteux d'sa mésaventure, c'qui fit qu'j'eûmes la paix au logis.

Eh ben! mes amis, l'histoire de mon p'tit bonhomme pourrait faire comme qui dirait une espèce *d'apologe.* L'sciau d'eau, c'est les colléges électoraux ; la lune, c'est la majorité, et l'petit, c'est les ultra qui voudraient ben prendre la lune et qui n'prendront rien du tout, si vous y prenez garde !

J'ai l'honneur de vous saluer,

JACQUES LEROND,

Propriétaire vigneron à St.-Satur-sur-Loire.

Bourges, imp. de Mad· Vᵉ. Souchois et Cᵉ.

www.ingramcontent.com/pod-product-compliance
Ingram Content Group UK Ltd.
Pitfield, Milton Keynes, MK11 3LW, UK
UKHW020114100726
13658UKWH00005B/2157